EVIA EDICIONES
ES PROPIEDAD DE EDICIONES VISUALES ALBERDI S.A.
BUENOS AIRES - ARGENTINA
www.eviatienda.com

EVIA EDICIONES
ES PROPIEDAD DE EDICIONES VISUALES ALBERDI S.A.
BUENOS AIRES - ARGENTINA
www.eviatienda.com

Sumario

- Tarta de acelga. pág. 4
- Tarta de calabaza y zanahorias. pág. 6
- Tarta de palmitos y champiñones. pág. 8
- Tarta de jamón crudo, tomate seco y rúcula. pág. 10
- Tarta de zapallitos y ajíes. pág. 12
- Tarta de puerros y espinaca. pág. 14
- Berenjenas, carne y tomates. pág. 16
- Pastel de chauchas oriental. pág. 18
- Chicken pie. pág. 20
- Pastel de salmón. pág. 22
- Tarta marinera. pág. 24
- Tarta de vegetales. pág. 26
- Pastel de ricotta, panceta y salchichas. pág. 28
- Tarta de quesos y cebollas. pág. 30

Editorial

¡Hola Amigos!

En esta segunda entrega de Tartas Saladas, les ofrezco muchas más ideas para que continúen luciéndose con sus ventas o bien para que se deleiten en familia o con amigos!

Hallarán pues una gran combinación de sabores y texturas, diferentes tipos de masas y presentaciones, todo bien explicado para incrementar vuestras ventas y también recibir muy buenos comentarios!

Encontrarán tarta de palmitos y champignones, zapallo y zanahoria, zapallitos y ajíes, puerros y espinaca, salmón, marinera, y dos clásicos que nunca pasan de moda: Acelga y ricotta y cebollas y quesos. Algunas de ellas preparada en moldes de aluminio descartables para que la venta y traslado les resulte mucho más práctico.

Como siempre, todas las recetas fueron probadas y están explicadas con sus respectivos paso a paso para que no se les dificulte la tarea.

Espero pongan en práctica unas cuantas y me cuenten cómo les fue!

Hasta la próxima,

Marcelo Vallejo

Como siempre, pueden consultarme o indicarme sugerencias por medio de mi correo electrónico: marcelovallejo@uolsinectis.com.ar

Tarta de acelga y ricota

Cantidad de porciones: 12
Tiempo de cocción: 45 minutos

ingredientes

masa comprada	**1 paquete**
semillas de amapola	**2 cucharadas**
Relleno	
aceite de oliva	**50 cc**
cebolla criolla	**1**
cebolla morada	**1**
cebollas de verdeo	**2**
lomito ahumado en trozo	**200 g**
acelga	**2 paquetes**
huevos	**2**
ricota	**400 g**
sal, pimienta y nuez moscada	**a gusto**
huevos duros	**3**
queso Fontina	**150 g**
queso cremoso	**300 g**
huevo batido	**1 (para pincelar)**

4 Tartas

preparación

1. Masa. Disponer un disco de masa sobre la mesa apenas enharinada, espolvorear con las semillas y estirar apenas con el palote. Cubrir la base y laterales de un molde de bizcochuelo de 26 cm de diámetro, desmontable, previamente aceitado. Hacer lo mismo con el otro disco de masa y reservar todo en la heladera hasta el momento de rellenar.

2. Relleno. Rehogar en el aceite las cebollas picadas, adicionar el lomito cortado en pequeños cubos y la acelga cocida, escurrida y picada.

3. Retirar del fuego y adicionar los huevos y la ricota. Condimentar a gusto y agregar el queso Fontina rallado.

4. Armado. Distribuir el relleno, insertar los huevos duros cortados en cuartos, distribuir el queso cremoso y cubrir con el otro disco de masa.

5. Pintar con huevo batido.

6. Pinchar la superficie y hornear a 180° C durante 45 minutos.

Tip

Cocinar sólo las hojas de la acelga, sin las pencas; y una vez tiernas, dejar enfriar y escurrir bien con las manos. En caso de que quedara con humedad, malograría el relleno y la masa.

Tarta de calabaza y zanahorias

Cantidad de unidades: 12
Tiempo de cocción: 25 minutos

ingredientes

Masa integral
- harina 000 — 300 g
- harina integral — 100 g
- salvado de trigo — 2 cucharadas
- manteca — 130 g
- agua fría — 100 cc
- sal — 10 g

Relleno 1
- zanahorias — 500 g
- cebollas — 2
- manteca — 100 g
- tomillo — 1 brizna
- ajos — 3 dientes
- huevos — 3
- queso gruyère — 100 g
- sal y pimienta

Relleno 2
- calabaza — 1
- ajo — 1 diente
- cebolla — 2
- huevos — 3
- almendras tostadas — 100 g
- manteca — 60 g
- sal y pimienta — a gusto
- aceite de maíz — 2 cucharadas
- brotes de arveja — 1 bandejita

Tip

La masa cruda puede conservarse en freezer hasta 1 mes.
Las tartas ya realizadas se pueden calentar directamente en el mismo molde en el momento de servir.

preparación

1: Masa: Mezclar las harinas con la sal y disponer en un bol. Incorporar el salvado y la manteca fría cortada en cubos. Trabajar con desmigajador o cornet hasta lograr un arenado grueso.

2: Añadir el huevo y el agua fría en cantidad suficiente para lograr una masa tierna. Unir apenas con las manos, envolver en film adherente y llevar a la heladera por lo menos 30 minutos antes de emplear.

3: Relleno 1: Pelar y cortar la zanahoria en trozos regulares; colocarla en una cacerola junto a la cebolla cortada en cuartos y el ajo. Cubrir con agua hasta la mitad del volumen de la zanahoria, colocar la brizna de tomillo y llevar a hervor a fuego medio con la cacerola semidestapada. Cuando el agua se haya reducido por completo y la zanahoria se encuentre tierna, realizar un puré, incorporando la manteca blanda. Agregar al puré el queso rallado y los huevos. Salpimentar y reservar.

4. Relleno 2. Lavar bien la calabaza, abrirla por la mitad, retirarle las semillas y colocarla sobre un papel de aluminio. En cada cavidad colocar 1 diente de ajo y 1 cucharada de aceite de maíz. Envolver en el papel y hornear a 180° C hasta que se cocine por completo. Retirar la pulpa junto a los ajos y reservar.

5. Rehogar en manteca las cebollas y dejar que tome un poco de coloración. Agregar la pulpa de calabaza y mezclar bien. Retirar del fuego y añadir las almendras tostadas y molidas. Agregar los huevos y condimentar a gusto.

6. Estirar la masa a 3 mm de espesor y forrar 12 moldes descartables de aluminio de 8 cm de diámetro, aceitados. Rellenar la base con el relleno de zanahorias y distribuir por encima el relleno de calabaza. Hornear a 180° C durante 25 minutos. Dejar entibiar y decorar con brotes de arvejas.

Tarta de palmitos y champiñones

Cantidad de porciones: 12
Tiempo de cocción: 25 minutos

ingredientes

Masa brisée
harina 0000 **500 g**
manteca **250 g**
sal **1 cucharadita**
agua fría **100 cc**

Relleno
manteca **100 g**
echalottes **3**
champiñones **400 g**
harina 0000 **50 g**
leche **200 cc**
crema de leche **100 cc**
sal y pimienta **a gusto**
palmitos **1 lata**
queso gruyere **150 g**

Ligue
huevos **3**
queso crema **300 g**
ciboulette **3 cucharadas**

preparación

1. Masa. Colocar la harina en un bol y agregar la manteca cortada en cubos pequeños y la sal. Trabajar con desmigajador hasta lograr un arenado.
2. Adicionar el agua y formar una masa blanda. Envolver en film y llevar a la heladera mientras se prepara el relleno.
3. Relleno. Colocar la manteca en una cacerola y fundir sobre fuego suave. Rehogar los echalottes picados, incorporar luego los champiñones fileteados y cocinar por unos minutos.
4. Agregar la harina, la leche y la crema. Proseguir la cocción hasta que la preparación tome cuerpo. Retirar del fuego y condimentar a gusto con sal y pimienta. Dejar entibiar y agregar el queso gruyere rallado grueso.
5. Ligue. Unir los huevos con el queso crema y el ciboulette picado. Agregar a la preparación anterior y mezclar.
6. Armado. Estirar la masa sobre la mesa apenas enharinada y cortar discos de 10 cm de diámetro. Acomodar en moldes cuadrados enmantecados. Distribuir el relleno de champiñones y acomodar por encima los palmitos picados. Verter el ligue y hornear a 170º C durante 25 minutos. Presentar con ciboulette fresco.

Tip

- *Se puede emplear champiñones en conserva en lugar de frescos.*

- *La masa resulta mucho más firme en el momento del estirado si se prepara un día antes y se deja envuelta en heladera.*

Tarta de jamón crudo, tomate seco y rúcula

Cantidad de porciones: 12
Tiempo de cocción: 25 minutos

ingredientes

tapas de empanadas 1 paquete
mostaza de Dijon 2 cucharadas

Relleno
cebollas 3
cebollas de verdeo 3
puerros grandes 3
aceite de oliva 30 cc
diente de ajo 1
jamón crudo 200 g

Ligue
crema de leche 200 g
huevos 3
perejil fresco picado 2 cucharadas
sal y pimienta a gusto

Terminación
tomates secos 10
rúcula 1 atado
queso en hebras 200 g

preparación

1. Masa: Untar con mostaza la superficie de la mitad de los discos de masa. Superponerle a cada uno los otros discos de masa. Acomodar en moldes para muffins de 6 cm de diámetro. Pinchar la base y reservar en la heladera.

2. Relleno: Cincelar las cebollas criollas, las cebollas de verdeo y los puerros. Rehogarlos en aceite de oliva junto al ajo picado. Mezclar con el jamón crudo cortado en bastones y reservar.

3. Preparar el ligue de la tarta mezclando la crema de leche con los huevos y el perejil fresco. Salpimentar a gusto.

4. Armado. Rellenar los moldes y cubrir con el ligue. Hornear a 180°C por 25 minutos o hasta dorar la masa.

5. Retirar del horno, cubrir con rúcula, tomates secos y las hebras de queso.

Tip

- Se pueden realizar con anticipación y freezar hasta un mes.

- Los tomates secos se pueden reemplazar por tomates cherry.

Tarta de zapallitos y ajíes

Cantidad de unidades: 6
Tiempo de cocción: 30 minutos

ingredientes

Masa integral
harina 0000	**300 g**
harina integral	**100 g**
salvado de trigo	**2 cucharadas**
manteca	**130 g**
huevo	**1**
agua fría	**100 cc**
sal	**10 g**

Relleno
aceite de girasol	**75 cc**
cebolla	**1**
diente de ajo	**1**
ají rojo	**1**
ají amarillo	**1**
zapallitos redondos	**3**
zuchini	**2**
almidón de maíz	**1 cucharada**
sal y pimienta	**a gusto**
queso port salud	**250 g**

Ligue
queso blanco	**300 g**
huevos	**3**
queso rallado	**50 g**

Tip

• Si se quiere ganar tiempo, se pueden incorporar los zapallitos previamente cocidos.

• Se emplea almidón de maíz en el relleno para que no resulte muy húmedo y malogre la masa durante el horneado.

preparación

1. Masa. Mezclar las harinas con la sal y disponer en un bol. Incorporar el salvado y la manteca fría cortada en cubos. Trabajar con desmigajador o cornet hasta lograr un arenado grueso.

2. Añadir el huevo y el agua fría en cantidad suficiente para lograr una masa tierna. Unir apenas con las manos, envolver en film adherente y llevar a la heladera por lo menos 30 minutos antes de emplear.

3. Relleno. Picar la cebolla y el ajo y rehogar en el aceite caliente. Agregar los ajíes cortados en tiras y proseguir la cocción hasta que comiencen a estar tiernos.

4. Adicionar los zapallitos redondos cortados en cubos y los zuchini en rodajas. Continuar la cocción hasta que los vegetales hayan perdido su dureza. Adicionar el almidón, cocinar por 1 minuto y retirar del fuego. Condimentar a gusto y dejar entibiar.

5. Ligue. Unir el queso blanco con los huevos y el queso rallado. Añadir a la preparación anterior.

6. Armado. Estirar la masa sobre la mesa apenas enharinada y forrar 6 moldes de 16 cm de diámetro, aceitados. Distribuir el relleno y disponer por encima el queso port salud cortado en cubos. Hornear a 180° C durante 30 minutos.

Tartas **13**

Tarta de puerros y espinaca

Cantidad de porciones: 8
Tiempo de cocción: 40 minutos

ingredientes

Masa aromática
- harina 0000 — 500 g
- sal — 10 g
- manteca fría — 100 g
- agua fría — 200 cc
- hierbas frescas picadas — 3 cucharadas

Relleno
- manteca — 70 g
- cebolla criolla — 1
- cebollas de verdeo — 1
- puerros — 5
- espinaca — 350 g
- queso fontina — 150 g
- queso crema — 250 g
- huevos — 3
- sal y pimienta — a gusto
- huevo batido — 1 (para pincelar)
- semillas de amapola — 1 cucharada
- semillas de lino — 1 cucharada
- semillas de chía — 1 cucharada
- semillas de amaranto — 1 cucharada

preparación

1. Masa: Colocar en la procesadora la harina con la sal y la manteca fría cortada en pequeños cubos. Procesar hasta lograr un arenado. Adicionar el agua y, por último, las hierbas.

2. Continuar procesando hasta lograr una masa tierna que se separe de las paredes internas del vaso de la máquina. Retirar, envolver en film y dejar enfriar en la heladera mientras se prepara el relleno.

3. Relleno: Derretir la manteca en una cacerola sobre fuego suave. Agregar las cebollas y los puerros cortados en rodajas. Rehogar hasta que se tiernicen. Incorporar la espinaca y retirar del fuego.

4. Adicionar el queso Fontina rallado y condimentar con sal y pimienta.

5. Dejar enfriar y luego agregar el queso crema y los huevos batidos.

6. Armado. Dividir la masa en dos partes, una más grande que otra. Estirar la más grande sobre la mesa apenas enharinada y forrar un molde para tarta de 24 cm de diámetro. Estirar la otra parte de la masa y cortar con molde de corazón. Distribuir el relleno y decorar la superficie con las piezas de masa cortadas. Pintar con huevo batido y espolvorear con semillas de amapola, lino, chía y amaranto. Hornear a 180° C durante 40 minutos.

Las semillas pueden tostarse y machacar antes de emplear para potenciar su sabor y sus propiedades.

Tarta de berenjenas, carne y tomates

Cantidad de porciones: 10
Tiempo de cocción: 40 minutos

ingredientes

Masa brisée
- harina 0000 **500 g**
- manteca **250 g**
- sal **1 cucharadita**
- agua fría **100 cc**

Relleno
- aceite de girasol **50 cc**
- cebollas **3**
- zanahoria rallada **1**
- carne picada **500 g**
- caldo de carne **100 cc**
- almidón de maíz **2 cucharadas**
- agua **50 cc**
- sal y pimienta de Jamaica molida **a gusto**
- tomates perita **5**
- berenjenas medianas **3**
- queso cremoso **300 g**

16 Tartas

preparación

1. Masa. Colocar la harina en un bol y agregar la manteca cortada en cubos pequeños y la sal. Trabajar con desmigajador hasta lograr un arenado.
2. Adicionar el agua y formar una masa blanda. Envolver en film y llevar a la heladera mientras se prepara el relleno.
3. Relleno. Picar las cebollas y rehogarlas en el aceite caliente junto con la zanahoria. Adicionar la carne picada y el caldo. Cocinar hasta que la carne cambie de color, adicionar el almidón disuelto en el agua y proseguir la cocción unos minutos más. Retirar del fuego y condimentar a gusto.
4. Pelar los tomates y luego cortarlos en rodajas no muy finas.
5. Cocinar las berenjenas en el horno hasta que estén tiernas. Retirar, dejar enfriar y luego cortar en rodajas del mismo espesor que los tomates.
6. Armado. Estirar la masa sobre la mesa apenas enharinada y cubrir un molde de 26 cm de diámetro y otros dos moldes de 12 cm de diámetro, aceitados. Volcar el relleno de carne y luego acomodar, en forma alternada, las rodajas de tomate y de berenjenas. Hornear a 180° C durante 20 minutos. Distribuir el queso cortado en cubos sobre la superficie y volver a llevar al horno por 10 minutos más o hasta que el queso se funda. Servirla tibia.

Pastel de chauchas oriental

Cantidad de unidades: 8
Tiempo de cocción: 30 minutos

ingredientes

Masa aromática
- harina 0000 — 500 g
- sal — 10 g
- manteca — 100 g
- agua fría — 200 cc
- hierbas frescas picadas — 3 cucharadas

Relleno
- chauchas — 500 g
- morrón rojo — 1
- zanahoria mediana — 1
- cebollas — 2
- repollo — 1/4
- brotes de soja — 100 g
- huevos duros — 2
- lomo — 200 g
- aceite de maíz — 2
- salsa de soja — 50 cc
- jengibre fresco — 2 cucharadas
- ají molido — 1 cucharadita
- sal y pimienta — a gusto
- huevo — 1 (para pincelar)

preparación

1. Masa. Colocar en la procesadora la harina con la sal y la manteca fría cortada en pequeños cubos. Procesar hasta lograr un arenado, adicionar el agua y, por último, las hierbas.

2. Continuar procesando hasta lograr una masa tierna que se separe de las paredes internas del vaso de la máquina. Retirar de la máquina, envolver en film y dejar enfriar en la heladera mientras se prepara el relleno.

3. Relleno. Cocinar las chauchas en agua caliente con sal para blanquearlas y reservar. Cortar en juliana el morrón, la zanahoria, las cebollas y el repollo. Saltear los vegetales en aceite de maíz, agregar el lomo cortado en tiras y cocinar junto con los vegetales. Condimentar con salsa de soja. Retirar del fuego y adicionar los brotes.

4. Dejar bajar la temperatura de la preparación y agregar las chauchas previamente cocidas y el jengibre rallado fino.

5. Estirar la masa a 4 mm de espesor y forrar un molde de 20 cm de lado, apenas aceitado. Rellenar la tarta con el salteado de chauchas y distribuir por encima los huevos en rodajas. Estirar el resto de masa de 3 mm de espesor. Realizar un hueco en el centro a modo de chimenea. Cubrir el pastel.

6. Con los sobrantes de masa cortar tiras finas y adherirlas con huevo por la superficie a modo de decoración. Hornear a 180° C por 30 minutos.

Tip

La carne de lomo puede reemplazarse por nalga o bien por supremas de pollo.

Chicken pie

Cantidad de porciones: 4
Tiempo de cocción: 40 minutos

ingredientes

Masa brisée
harina 0000	**500 g**
manteca	**250 g**
sal	**1 cucharadita**
agua fría	**100 cc**

Relleno
pollo cocido	**1**
aceite de girasol	**75 cc**
cebolla criolla	**1**
cebolla de verdeo	**2**
ají rojo	**1/2**
ají amarillo	**1/2**
ají verde	**1/2**
champiñones	**200 g**
tomate perita	**2**
vino blanco	**75 cc**
sal y pimienta	**a gusto**
papas noisettes hervidas	**250 g**
huevos duros	**2**
jamón cocido	**150 g**
huevo batido	**1 (para pincelar)**

preparación

1. Masa. Colocar la harina en un bol y agregar la manteca cortada en cubos pequeños y la sal. Trabajar con desmigajador hasta lograr un arenado.
2. Adicionar el agua y formar una masa blanda. Envolver en film y llevar a la heladera mientras se prepara el relleno.
3. Relleno. Quitar la piel y los huesos al pollo cocido y cortar la carne en cubos. Reservar. Rehogar en el aceite las cebollas criollas cortadas a pluma, las de verdeo en rodajas y los ajíes en tiras. Agregar los champiñones cortados, los tomates en concassé y el vino blanco. Cocinar hasta que el alcohol del vino se haya evaporado.
4. Incorporar los cubos de pollo y condimentar con sal y pimienta a gusto. Retirar del fuego y dejar entibiar.
5. Armado. Dividir la masa en dos partes y estirar una de ellas sobre la mesa apenas enharinada. Cubrir un molde de cerámica de 18 cm de diámetro y otros dos moldes de 16 cm.
Volcar el relleno de pollo, distribuir las papitas noissete, los huevos duros cortados en rodajas y el jamón cocido picado.
6. Estirar el resto de la masa y efectuar cortes con un molde triangular. Disponer sobre el relleno, pintar con huevo batido y hornear a 180° C durante 40 minutos.

Tip

Las papas noisettes pueden reemplazarse por arvejas o zanahorias cocidas. Y el jamón cocido, por lomito ahumado. Se pueden emplear sólo supremas en lugar de pollo entero.

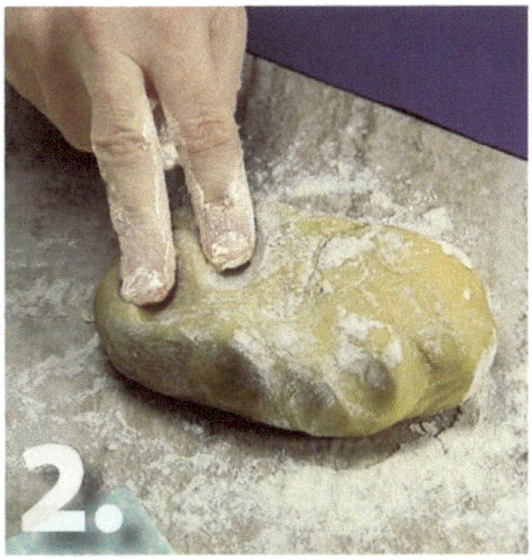

Pastel de salmón

Cantidad de porciones: 10
Tiempo de cocción: 30 minutos

ingredientes

Masa con levadura
levadura fresca	5 g
leche	125 cc
harina 0000	500 g
sal	10 g
huevos	4
aceite de oliva	50 cc

Relleno
cebollas criollas	1
puerros	5
echalotes	2
aceite de oliva	50 cc + 1 cucharada
salmón	500 g
huevos duros	5
espinaca	1 atado
diente de ajo	1
papas cocidas	2
miga de pan rallada	4 cucharadas
sal y pimienta	a gusto
fetas de salmón ahumado	4
hojas de eneldo fresco	
huevo batido	1 (para pintar)

Tip

Es fundamental que la masa esté bien fría, casi congelada, en el momento de estirar y cortar con el molde especial para lograr el efecto "enrejado"; caso contrario, quedará adherida al utensilio.
El salmón puede reemplazarse por filetes de abadejo o brótola.

preparación

1: Masa: Disolver la levadura en la leche a temperatura ambiente. Mezclar la harina con la sal. Hacer un hueco y disponer allí los huevos y la leche con la levadura. Unir los ingredientes y adicionar el aceite.

2: Formar una masa blanda, amasar unos minutos, formar un bollo y colocar en film espolvoreado con harina. Llevar a la heladera mientras se realiza el relleno.

3: Relleno: Rehogar en los 50 cc de aceite de oliva la cebolla criolla, los puerros y los echalotes ciselados. Salpimentar y reservar. Lavar bien la espinaca, secarla y rehogarla en 1 cucharada de aceite de oliva y ajo picado. Reservar.

4. Estirar la masa hasta alcanzar 4 mm de espesor, forrar un molde cuadrado de 20 cm de lado enmantecado. Distribuir la miga de pan rallada sobre la base de la tarta, luego acomodar las papas cortadas en rodajas medianas, cubrir con las espinacas y acomodar los huevos duros cortados a la mitad. Luego cubrir con el salteado de cebollas y puerro.

5. Finalmente, acomodar el salmón en trozos.

6. Estirar la otra parte de la masa y cortar con un molde enrejado. Disponer sobre la superficie de la masa, pintar con huevo batido y hornear a 180° C durante 30 minutos. Servir decorando con salmón ahumado en fetas y hojas de eneldo fresco.

tartas 23

Tarta marinera

Cantidad de porciones: 10
Tiempo de cocción: 45 minutos

ingredientes

Masa aromática
harina 0000	**500 g**
sal	**10 g**
manteca fría	**100 g**
agua fría	**200 cc**
hierbas frescas picadas	**3 cucharadas**

Relleno
aceite de maíz	**75 cc**
cebolla	**1**
puerros	**2**
ají verde	**1/2**
ají rojo	**1/2**
lata de tomates perita	**1**
sal y pimienta	**a gusto**
pimentón dulce	**a gusto**
filetes de brótola	**8**
ciboulette picada	**4 cucharadas**
jamón cocido	**8 fetas**
mejillones	**200 g**
camarones	**200 g**

24 Tartas

preparación

1. Masa. Colocar en la procesadora la harina con la sal y la manteca fría cortada en pequeños cubos. Procesar hasta lograr un arenado, adicionar el agua y, por último, las hierbas.

2. Continuar procesando hasta lograr una masa tierna que se separe de las paredes internas del vaso de la máquina. Retirar de la máquina, envolver en film y dejar enfriar en la heladera mientras se prepara el relleno.

3. Relleno. Rehogar en el aceite caliente, la cebolla, los puerros y los ajíes, todo picado pequeño. Adicionar los tomates y cocinar hasta evaporar la parte líquida, condimentar a gusto con sal, pimienta y pimentón. Retirar del fuego y reservar.

4. Por otro lado, condimentar con sal y pimienta los filetes de pescado, distribuir por encima ciboulette y una feta de jamón por cada filete.

5. Enrollar, cortar por la mitad y reservar en la heladera.

6. Armado. Estirar la masa sobre la mesa apenas enharinada y forrar un molde de cerámica de 30 cm de diámetro, aceitado. Distribuir el relleno de cebollas y ajíes, acomodar por encima los filetes enrollados y luego los mejillones y camarones. Hornear a 180° C durante 45 minutos.

Tarta de vegetales grillados con gratín de queso

Cantidad de unidades: 10
Tiempo de cocción: 20 minutos

ingredientes

Masa aromática
- harina 0000 — 500 g
- manteca — 100 g
- agua fría — 200 cc
- hierbas frescas picadas — 3 cucharadas

Relleno
- berenjena — 1
- zucchini — 2
- echalotes medianos — 3
- cebollas medianas — 2
- morrón rojo — 1/2
- morrón amarillo — 1/2
- queso mozzarella — 200 g
- sal y pimienta — a gusto
- tomillo fresco — 10 briznas
- aceite de oliva — 75 cc (para grillar)
- huevo batido — 1 (para pincelar)

preparación

1. Masa: Colocar en la procesadora la harina con la sal y la manteca fría cortada en pequeños cubos. Procesar hasta lograr un arenado, adicionar el agua y, por último, las hierbas.

2. Continuar procesando hasta lograr una masa tierna que se separe de las paredes internas del vaso de la máquina. Retirar de la máquina, envolver en film y dejar enfriar en la heladera mientras se prepara el relleno.

3. Relleno: Cortar la berenjena, los zucchini y los morrones en rodajas. Cortar los echalotes y las cebollas en cuartos. Grillar los vegetales y salpimentar. Reservar.

4. Estirar la mitad de la masa a 4 mm de espesor y forrar 10 moldes descartables de aluminio de 10 cm de diámetro, apenas aceitados. Estirar la otra parte de masa y cortar con molde cuadrado. Adherir estas piezas con huevo batido sobre los laterales de la masa.

5. Rellenar con los vegetales grillados mezclados con el queso mozzarella cortado en cubos.

6. Hornear a 180 °C durante 20 minutos aproximadamente. Retirar del horno y presentar con briznas de tomillo fresco.

Tip

Otra opción para cocinar los vegetales es colocándolos en una asadera, cubrir apenas con aceite y llevar a horno moderado durante 20 minutos aproximadamente.

Pastel de foratti y salchichas

Cantidad de unidades: 10
Tiempo de cocción: 40 minutos

ingredientes

Masa aromática
harina 0000	500 g
sal	10 g
manteca fría	100 g
agua fría	200 cc
hierbas frescas picadas	3 cucharadas

Relleno
fideos foratti cocidos	500 g
cebolla criolla	2
cebolla de verdeo	2
morrón rojo	1/2
diente de ajo	2
aceite de oliva	50 cc
salchichas alemanas	4
tomates cherry	10
aceitunas negras	10
ciboulette picada	4 cucharadas
queso Fontina	150 g

Ligue
queso Philadelphia	250 g
leche	50 cc
huevos	4
sal y pimienta	a gusto

- *En lugar de foratti, puede emplearse fideos mostacholes o fusiles.*

- *Las salchichas alemanas pueden reemplazarse por salchicha parrillera, previamente cocida en salsa de tomates.*

preparación

1. Masa. Colocar en la procesadora la harina con la sal y la manteca fría cortada en pequeños cubos. Procesar hasta lograr un arenado, adicionar el agua y, por último, las hierbas.

2. Continuar procesando hasta lograr una masa tierna que se separe de las paredes internas del vaso de la máquina. Retirar de la máquina, envolver en film y dejar enfriar en la heladera mientras se prepara el relleno.

3. Relleno. Ciselar las cebollas y rehogarlas en aceite de oliva junto con el ajo cortado en láminas finas. Agregar el morrón rojo en juliana y saltear por 1 minuto. Incorporar los foratti cocidos y salpimentar. Condimentar con ciboulette y retirar del fuego.

4. Marcar en la sartén bien caliente las salchichas y cortarlas en rodajas medianas. Mezclar con el salteado de foratti e incorporar las aceitunas picadas.

5. Preparar el ligue del pastel mezclando el queso Philadelphia con la leche y los huevos. Salpimentar y reservar. Estirar la mitad de la masa a 4 mm de espesor y forrar un molde de 22 cm x 28 cm. Acomodar el salteado de foratti, distribuir por encima los tomates cherry y cubrir con el ligue.

6. Estirar el resto de masa a 3 mm de espesor, cortar formas de hojas y adherir a los bordes con huevo batido. Hornear la preparación a 180° C por 40 minutos hasta dorar la masa. Retirar del horno y cubrir con el queso fontina en hebras.

Tarta de quesos y cebollas

Cantidad de porciones: 10
Tiempo de cocción: 40 minutos

ingredientes

Masa con levadura
levadura fresca	5 g
harina 0000	500 g
sal	10 g
huevos	4
aceite de oliva	50 cc

Relleno
manteca	50 g
aceite de girasol	50 cc
cebolla criolla	2
cebollas moradas	12
cebollines	12
cebollas de verdeo	4
puerros	2
queso port salud	200 g
queso azul	150 g
queso Fontina	300 g
queso sardo	50 g

preparación

1. Masa. Disolver la levadura en la leche a temperatura ambiente. Mezclar la harina con la sal; hacer un hueco y disponer allí los huevos y la leche con la levadura. Unir los ingredientes y adicionar el aceite.
2. Formar una masa blanda, amasar unos minutos; formar un bollo y envolver con film espolvoreado con harina. Llevar a la heladera mientras se realiza el relleno.
3. Relleno. Colocar la manteca y el aceite en una cacerola y calentar a fuego suave. Incorporar las cebollas criolla y morada cortadas a pluma y los cebollines cortados en cuartos.
4. Incorporar los puerros cortados en rodajas junto con las cebollas de verdeo. Cocinar unos minutos más. Retirar del fuego y dejar enfriar.
5. Adicionar el queso port salud y el azul cortado en cubos. Luego agregar el Fontina y el sardo rallados.
6. Armado. Estirar la masa sobre la mesa apenas enharinada. Forrar un molde de 26 cm de diámetro, enmantecado. Distribuir el relleno. Hornear a 180° C durante 40 minutos.

www.ingramcontent.com/pod-product-compliance
Lightning Source LLC
Chambersburg PA
CBHW051941210526
45473CB00006B/2330